AF452761

DE LA

RECONSTITUTION RATIONNELLE

DES

NATIONALITÉS EUROPÉENNES;

PAR

un Correspondant de la Gazette d'Augsbourg

PARIS,

AU BUREAU CENTRAL

DE LA GALERIE DES CONTEMPORAINS,

Rue des Beaux-Arts, 13.

ET CHEZ TOUS LES LIBRAIRES

1840.

DE LA
RECONSTITUTION RATIONNELLE

DES

NATIONALITÉS EUROPÉENNES

« *Cette vieille Europe m'ennuie,* » dit un jour Napoléon, dans un accès de mauvaise humeur. Cette boutade de l'homme qui était alors l'arbitre temporaire des destinées européennes, est devenue l'expression du sentiment unanime de la génération actuelle. En effet, tout le monde comprend aujourd'hui que le vieil édifice des États européens n'est plus en harmonie avec les idées et les besoins du monde moderne, qu'il doit crouler, et qu'un système nouveau doit s'élever sur ses décombres, avec la mission d'imprimer une marche nouvelle aux choses, une vie nouvelle aux nations. A l'heure qu'il est, nous oscillons entre une phase politique qui n'est plus et une phase qui n'est pas encore; nous nous sentons à la veille d'événements qui nous préparent un autre avenir. Cet avenir, chacun le conçoit à sa manière; les idées reçues par la tradition militent avec des idées qui s'élaborent; tout ce qui constituait la foi politique, le dogme, la synthèse sociale des siècles passés s'en va peu à peu, mais s'en va. Toute tentative pour raviver des institutions éteintes et des nationalités factices, avorte d'elle-même. Quelques plaintes, jetées çà et là sur des ruines, résonnent comme un chant élégiaque, mais ne pénètrent plus au cœur des masses. C'est que notre époque repose essentiellement sur une base rationnelle et de philosophie organisatrice, comme le siècle passé reposait sur une base de philosophie critique, comme le moyen-âge sur la base religieuse. La hache révolutionnaire a coupé la chaîne des traditions féodales, la restauration n'a pu la ressouder. Avec la révolution de juil-

let, l'ardeur de la destruction s'est amortie,
mais les idées d'un monde passé nous encom-
brent, elles gênent le développement d'un ordre de choses nouveau, et si la vieille Europe
n'enflamme plus notre indignation, elle nous
ennuie, c'est à la lettre.

La révolution française a commencé l'histoire de la pensée politique rationnelle. L'ancienne constitution politique et territoriale de
l'Europe, résidu des formations traditionnelles,
produit des hasards, des conquêtes, des suc-
cessions, des ventes, des dotations, etc., reçut
une première atteinte violente des principes
déduits logiquement de l'esprit humain. L'en-
fant de cette révolution, Napoléon, sema les
idées de sa mère au bruit du canon, mais plus
tard, au lieu de favoriser et d'activer leur
développement, manquant à sa mission, il se
mit à en étouffer le germe de ses propres mains.
Napoléon tomba; à sa chute, les idées, ou plutôt les habitudes traditionnelles, renaissaient
triomphantes, lorsque la révolution de juillet
vint prouver que l'esprit humain ne peut être

arrêté long-temps dans sa marche logique, bien qu'il soit obligé de transiger avec l'ignorance et les préjugés , et que ses progrès devenant plus lents n'en sont que plus solides. L'époque pacifique de la seconde période révolutionnaire, commencée en juillet, touche à son terme. Les idées ont germé, elles se développent et s'emparent de la conscience des peuples. Après la France, la Belgique, le Portugal, l'Espagne ont déjà triomphé en partie des étreintes du passé. La Pologne, l'Italie et l'Allemagne ont succombé momentanément, pour être rappelées plus fortement à l'œuvre par la question d'Orient. Quels que soient dans ce moment les efforts des gouvernements pour éviter une conflagration générale, elle n'en est pas moins imminente. Sa nécessité gît non-seulement dans l'antagonisme des intérêts des principales puissances de l'Europe actuelle, mais aussi et surtout dans la constitution irrationnelle de l'Europe au centre et à l'est. La question d'Orient ne sera que le signal d'un bouleversement devenu inévitable par des motifs plus puissants, dont nous allons présenter une analyse succincte.

Chaque État politique repose nécessairement sur deux bases cardinales : la base matérielle, c'est-à-dire le sol et la race des habitants, et la base morale, c'est-à-dire l'ensemble des éléments constituant le génie de ces mêmes habitants, leurs mœurs, leur civilisation, leurs intérêts. Sous ce double rapport, la constitution de la plupart des États du centre et de l'est de l'Europe est en dehors des règles posées par la nature et par la raison. Si l'on jette un coup d'œil sur la carte géographique de notre continent, on est frappé, d'une part, de cette multitude de divisions établies parmi des peuples ayant la même origine, les mêmes mœurs et les mêmes intérêts, et d'autre part, de l'agglomération de peuples hétérogènes dans des empires et des royaumes qui ont la prétention de former des masses compactes. Partout des populations homogènes violemment séparées se tendent les bras à travers des démarcations capricieuses, comme des es-

claves à travers les barreaux de leur prison ;
partout des peuples d'origine et de génie différents, accouplés de force, s'épuisent à briser
un faisceau abhorré. Cet état de choses, fruit
des violences, des fraudes et de la barbarie
de gouvernements nés dans un âge de ténè-
bres et de préjugés féodaux, sanctionné en
dernier lieu par le congrès de Vienne, ne saurait se maintenir. Une nouvelle division de
l'Europe surgira nécessairement d'une guerre
provoquée par de nouveaux principes, guerre
qui, pour être trop long-temps ajournée, ne
fera explosion qu'avec plus de violence.

Les bases de cette nouvelle division devront
être cherchées dans l'élément *géographique*
et *ethnographique*, aussi bien que dans l'élément *social* et *politique* des États. Examinons
d'abord l'Europe sous le premier de ces rapports.

I.

La configuration de l'Europe entière (1) est celle d'une vaste péninsule, dont les deux côtes, baignées par l'Océan et par la Méditerranée, présentent une variété infinie de golfes, de presqu'îles, d'îles, de caps, de rivages sinueux, déchiquetés, tourmentés. L'intérieur est également varié par de nombreuses chaînes de montagnes, vallées, plateaux, fleuves, lacs, rivières. C'est cette diversité prodigieuse, comprimée dans un petit espace, ces contrastes naturels se suivant sans interruption, qui ont rendu la population européenne si mobile, si active, si intelligente, et qui ont fait de l'Europe la plus importante partie du globe. La nature y a tracé aussi de grandes lignes de séparation entre des parties qui ont leur indivi-

(1) Pour l'intelligence de cette partie de notre travail, nous engageons le lecteur à consulter la carte de l'Europe de Brué ou celle de J. L. Grimm, ainsi que la carte d'Allemagne de ce dernier auteur.

dualité propre; ces lignes qui, dans le sens géographique, forment les limites naturelles des États, sont indiquées principalement par les chaînes de montagnes, et les formes hydrographiques, telles que les mers, les fleuves, les rivières, les lacs.

L'*orographie* de l'Europe comprend trois principaux systèmes de montagnes : le système hespérique, alpique et scandinave, et quatre d'une importance secondaire, qui sont les systèmes sardo-corse, taurique, sarmatique et britannique. Les systèmes caucasien et ouralien, qui séparent l'Europe de l'Asie, se rattachent à cette autre partie du monde. La chaîne principale du système hespérique, les Pyrénées, sépare la péninsule ibérique de la France; le prolongement de cette chaîne, qui forme les montagnes des Asturies, court le long du rivage de la mer. Différentes ramifications de ce système, connues sous le nom de *sierras*, coupent l'intérieur de la péninsule. Le système alpique, comprenant plusieurs hautes chaînes et beaucoup de ramifications secondaires.

forme, dans son principal développement, une limite naturelle entre l'Italie, d'un côté, et les *pays ultramontains*, la France, la Suisse et l'Allemagne, de l'autre. Les principales ramifications orientales des Alpes courent, les unes vers le sud, comme les Apennins et les montagnes de la Sicile, les autres vers le nord, comme les Cévennes, le Jura et les Vosges. Les ramifications occidentales s'étendent, les unes vers le sud-est, comme les Alpes dinariques, les Balkans ou mont Hæmus, le Tchardagh, le mont Rhodope et la chaîne du Pinde: d'autres, vers le nord-est et le nord, pour s'abaisser ensuite vers le sud-est, telles sont les Alpes noriques, quelques groupes détachés en Allemagne, les montagnes qui ceignent la Bohême et les Carpathes. Les Balkans séparent les provinces slaves de la Turquie des provinces d'origine grecque; les Carpathes séparent la Pologne de la Hongrie. Le système scandinave forme la chaîne maritime de la Norwége, en s'abaissant par terrasses élevées vers l'est, dans la Suède. Le système britannique coupe l'Angleterre de l'ouest au nord, traverse toute l'Ecosse, et détache quelques groupes au centre de l'Irlande. Le système sardo-corse forme le dos élevé de deux îles, dont il tire son nom. Les montagnes de la Tauride longent le bord méridional de cette presqu'île. Enfin le système sarmatique ne présente que quelques hauts plateaux, dont le principal est celui de Waldaï en Russie.

Sous le rapport hydrographique, l'Europe est entourée de sept mers principales, auxquelles se rattachent autant de systèmes principaux de fleuves. Ces mers sont : la mer Glaciale, la Baltique, la mer du Nord, l'Atlantique, la Méditerranée, la mer Noire et la Caspienne. Chacune d'elles est accompagnée de plusieurs golfes plus ou moins considérables. Les rapports entre les parties solides et fluides du globe donnent naissance aux différentes formes particulières de l'écorce terrestre ; les principales sont les îles et les presqu'îles. Les séparations par les mers, considérées comme limites naturelles, n'ont réellement de l'importance,

pour le développement de nationalités distinctes dans l'histoire, que lorsque les espaces
ainsi divisés sont d'une grande étendue. Il en
est tout autrement lorsque les parties déta-
chées du continent, ou celles qui ne s'y rattachent que par de faibles points de contact,
sont elles-mêmes d'une étendue relativement
peu considérable. Ce sont alors des annexes naturelles au pays dans les eaux duquel elles sont
situées.

En général les aspérités de la terre sont des
barrières bien plus fortes que les séparations
par les eaux, qui méritent plutôt le nom de
communications; et si cette remarque est
vraie à l'égard des mers, elle acquiert bien plus
de force lorsqu'on l'applique aux fleuves et aux
rivières. Ceux-ci ne peuvent être réputés limites naturelles, ils ne sont que délimitations ac-
cidentelles, et n'ont que l'avantage d'offrir plus
de précision dans le tracé des frontières con-
ventionnelles entre les États. Ethnographiquement parlant, ces lignes séparent rarement des
nationalités distinctes; il est au contraire avé-

ré que dans la plupart des cas les deux bords
du fleuve sont ordinairement occupés par des
populations identiques, ou du moins rappro-
chées par leur origine et leurs antécédents historiques. Témoins le Rhin, le Danube, le Weser, la Sau, la Dzwina, le Dnieper, le Dniester, le Pruth, tous fleuves frontières dans une
partie de leur parcours, à certaines époques
de l'histoire, mais qui doivent cette qualité
plutôt aux conventions internationales, qu'à
leur caractère de barrières naturelles. Sous le
point de vue stratégique, les fleuves sont des
frontières utiles pour la défense du territoire
des grands États; aussi doivent-ils, à défaut de
chaînes de montagnes, être préférés à des frontières planes. Sous le rapport commercial il y
a cette observation à faire à l'égard des fleuves
navigables, dans la question de délimitation
des États, que le pays qui est en possession de
la plus grande partie du parcours d'un fleuve
navigable, a besoin aussi d'être maître de son
embouchure. Quant aux lacs, ils sont par leur
nature et leur configuration rarement propres

a devenir frontières entre les États, excepté
quand ils forment une suite presque ininter-
rompue, comme par exemple les lacs de la
Finlande, qui, partant du golfe de ce nom, s'é-
tendent vers le nord jusqu'aux environs de
l'embouchure de la rivière de Kola. Ce sont les
lacs Ladoga, Oro, Pielis, Kunto, Top, Piaw.
Kowd, Imandra, etc. Ils forment une ligne de
séparation entre la Russie et la Finlande.

Si nous appliquons ces considérations géné-
rales à la question de limites des différents pays
de l'Europe, nous trouverons d'abord que le
pays le mieux délimité de cette partie du
monde est la Grande-Bretagne, à laquelle l'Irlande se rattache comme une dépendance naturelle. Après ces deux grandes îles viennent
les presqu'îles qui offrent, sous le rapport des
limites, une grande partie des mêmes avantages.
Les grandes presqu'îles, de l'Europe sont : l'Espagne, y compris le Portugal, l'Italie, la Grèce
et les péninsules scandinaves, la Suède conjointement avec la Norwége et le Dannemark
Chacune d'elles forme une individualité géogra-

phique dont il ne reste à déterminer les limites que du côté où elle se rattache au continent.

La chaîne des Pyrénées sépare la péninsule ibérique de la France. C'est une limite naturelle des plus régulières et des mieux tracées sur le globe pour indiquer le point de départ de deux nationalités différentes. Le golfe de Gascogne et celui de Lyon rétrécissent ici le continent au point d'en faire un large isthme traversé dans toute sa largeur par la chaîne de montagnes dont la crête sert de frontière naturelle entre deux peuples issus, il est vrai, de la même souche, mais conservant, à travers l'histoire, des physionomies distinctes. Dans l'intérieur de la péninsule, les chaines de montagnes ne constituent pas des séparations régulières entre des nationalités différentes; l'Espagne et le Portugal ne devraient, géographiquement parlant, former qu'un seul et même État.

L'Italie est séparée des pays qui la rattachent au continent par les chaînes des Alpes *Maritimes, Côtiennes, Grecques, Pennines,* .

Lépontines, Rhétiennes, Noriques, Carni ques et Juliennes. Les trois premières la sé parent de la France et de la Savoie, les autres de la Suisse et de l'Allemagne.

La péninsule de la Grèce est séparée, au nord, des provinces slaves danubiennes par la chaîne des Balkans ou mont Hœmus. Cette chaîne s'é tend depuis les monts *Tchardagh* jusqu'au cap *Emineh* sur le golfe de *Bourgas*. La ligne de séparation n'étant pas complète du côté de l'ouest, on pourrait la prolonger par le cours du *Drin Blanc* jusqu'à son embouchure dans le golfe de ce nom.

Quant aux péninsules scandinaves, leurs chaînes de montagnes ne les séparent point du continent. Le Dannemark a la rivière *Eïder* pour frontière du côté de l'Allemagne. La Fin lande, qui est partie intégrante de la Suède, est séparée de la Russie par la suite de lacs dont il a été question plus haut.

Après les péninsules viennent les pays mé diterranéens de l'Europe; ce sont : la France, l'Allemagne et les pays slaves.

2*

La France, bornée par l'Océan, les Pyrénées et la Méditerranée, a des limites naturelles parfaitement tracées au nord-ouest, à l'ouest et au sud ; il n'en est pas ainsi du côté nord-est et de l'est. Les plaines de la Belgique, les hauteurs, les plateaux et les vallées des provinces rhénanes de la Prusse et de la Bavière ne diffèrent en rien des mêmes formes terrestres dans la Flandre Française, en Champagne et dans la Lorraine. Le Palatinat et le duché du Bas-Rhin pourraient être des départements français tout aussi bien que l'Alsace. Géographiquement, il n'est donc pas possible de marquer des limites fixes de ce côté ; elles doivent être tirées de considérations ethnographiques et politiques. Le Rhin, la grande artère de l'Allemagne occidentale, n'est point une frontière naturelle, comme on le répète assez souvent ; ce n'est pas une barrière entre deux nationalités différentes, à l'est et à l'ouest ; c'est une communication entre les provinces allemandes du sud et du nord. Nous devons même avouer que les Vosges et les Ardennes sont plutôt une barrière naturelle entre la France et l'Allemagne, mais c'est une barrière ethnographiquement franchie et politiquement annulée. L'Alsace est devenue française, la Belgique ne peut pas tarder à le devenir, et quant aux provinces rhénanes de la **Prusse** et de la **Bavière**, c'est une question soumise à des considérations purement politiques. La limite du Rhin est, pour la France, une frontière stratégique dont elle a besoin de s'emparer, et qu'elle devra garder en sa possession aussi long-temps que la situation politique de l'Europe ne lui présentera pas, par la reconstitution libre et rationnelle de toutes les nationalités qui la composent, des garanties suffisantes pour sa sécurité.

Du côté de la Suisse, les frontières naturelles de la France sont les Alpes; mais les Alpes ne présentent pas, comme les Pyrénées, une chaîne régulière et unique : les ramifications des Alpes courent dans différents sens. Le Jura peut servir ici de limite tout aussi bien que les hautes Alpes Helvétiques. Ethnographiquement parlant, le versant occidental de ces dernières

est même, plutôt que le Jura, une limite naturelle, les cantons occidentaux de la Suisse
étant français par leur population : ces cantons
sont ceux de Genève, de Vaud, de Fribourg,
de Neufchâtel et les parties occidentales de
ceux de Berne et du Valais. Le Mont-Blanc
pourrait être regardé comme le point de concours des limites naturelles de la France, de
l'Italie et de la Suisse allemande. A partir de
cette pointe, la plus élevée de l'Europe, vers le
sud, les Alpes Pennines, Grecques, Côtiennes et
Maritimes séparent la France de l'Italie, jusque vers l'embouchure du Var. Il en résulte
que la Savoie est naturellement enclavée dans
la France, comme ethnographiquement elle
en est une partie intégrante. D'un autre côté,
la Corse, située dans les eaux de l'Italie, et
habitée par une population homogène à celle
qui couvre les bords du golfe de Gênes, est
une île aussi essentiellement italienne que la
Sardaigne, la Sicile et Malte.

En poursuivant nos investigations plus loin
vers l'est, la question des limites naturelles ren-

contre de grandes incertitudes. La Suisse, pays
de hautes montagnes, et allemande par la race,
trouve son prolongement naturel dans le Tyrol ;
géographiquement comme ethnographiquement, ces deux pays n'en font qu'un, et devraient politiquement se joindre au reste de
l'Allemagne.

Mais c'est surtout de cette dernière nation
qu'il est difficile de tracer les limites. Nous nous
sommes efforcé d'applanir les obstacles qu'offre
sa délimitation du côté de la France; il est plus
aisé de résoudre cette question à l'égard des
frontières du sud et du nord. Le quadrilatère
formé par l'Allemagne actuelle s'appuye d'un
côté aux Alpes et au golfe de Trieste. Cette
base doit être élargie à l'ouest jusqu'aux Alpes
Pennines et Bernoises, et enclaver ainsi toute
la Suisse allemande. Au nord-ouest, la ligne
frontière devrait partir des embouchures de la
Meuse et du Rhin, pour s'arrêter à l'embouchure de l'Eider, aux limites du Dannemark.
De cette façon, la Hollande ferait partie intégrante de l'Allemagne comme sa position

géographique et la nature de sa population l'exigent. La Hollande est le bas pays, le *Niederland* de l'Allemagne; c'est le débouché naturel de son commerce par le Rhin, comme le Hanovre l'est de son commerce par l'Ems, le Weser et l'Elbe. La limite de l'Allemagne au nord-est, c'est la mer Baltique, comme la mer du Nord ou mer d'Allemagne l'est au nord-ouest. Ces deux mêmes mers forment les limites naturelles des péninsules scandinaves, au sud-est et au sud-ouest.

Du côté de l'est, les limites de l'Allemagne sont aussi peu précises, sous le rapport géographique, que sous le rapport ethnographique. Les populations germaniques et slaves forment, dans l'est de cet empire, un amalgame qui rend leur délimitation exacte très-difficile. Au sud-est, les grandes lignes géographiques ne manquent cependant pas: ce sont les chaînes principales des Alpes Juliennes, Carniques et Noriques; plus au nord, ce sont les montagnes qui ceignent la Bohême au sud-oues et au nord-ouest, telles que la forêt de Bohême (*Boehmer-wald*), les montagnes des Mines (*Erzgebirge*) ; mais, à partir des montagnes de la haute Lusace et des monts *Riesen*, au nord et à l'est, toutes les aspérités de la terre disparaissent ; l'Europe devient une plaine immense, bordée, d'un côté, par la grande diagonale des montagnes européo-asiatiques (1), composée des chaînes de la Westphalie, de la Thuringe, des Sudètes, des Carpathes, des montagnes de la Tauride et du Caucase ; d'un autre côté, par la mer Caspienne, le fleuve et les monts Ourals. Cette absence de fortes barrières naturelles, propres à servir de limites, fut une des causes qui facilitèrent le partage de la Pologne, laquelle ethnographiquement constitue cependant, même après tant de déchirements, une nation homogène. La Baltique, la mer Noire, les Carpathes, la délimitent bien au nord et au sud, mais, à l'est et à l'ouest, ses frontières géographiques et ethnographiques sont incertaines : voilà pourquoi on les a tracées, à son détriment, par le sabre ; c'est aussi avec le

(1) D'après Ritter.

sabre qu'elle sera obligée de les déplacer, pour chercher ses frontières stratégiques dans les cours de grands fleuves, tels que la Dzwina et le Dniéper, à l'est, le Dniester et l'Oder, à l'ouest.

A partir du versant oriental des Alpes Juliennes, Carniques et Noriques; à l'est des montagnes qui ceignent la Bohême, s'étend une plaine limitée au nord par les Carpathes, à l'est par le fleuve Dniester et la mer Noire, au sud par les monts Balkans, et enfin par l'Adriatique au sud-ouest. Cette plaine, dominée par le haut plateau de la Transylvanie, coupée par plusieurs chaînes secondaires à l'est et à l'ouest, arrosée dans toute sa longueur par le Danube, baignée par les deux grands golfes de la Méditerranée, l'Adriatique et la mer Noire, où prédomine ethnographiquement la population slave, et politiquement l'Autriche, cette plaine, dis-je, est la véritable assise pour un *empire de l'est* (Ost-Reich, Austria). Enfin, à partir d'une ligne tracée depuis l'embouchure du Dniéper et du Bogh, au midi, jusqu'à l'embouchure de la Dzwina, au nord, s'étend à l'orient l'immense plaine de la Russie, pour ne s'arrêter qu'aux confins de l'Europe.

Tels sont les grands traits dont la nature a marqué la physionomie physique de notre partie du globe, et qui en forment les divisions capitales. Examinons maintenant les principaux traits de sa division ethnographique.

L'Europe est la contrée *japhétique*, peuplée presque en totalité de race blanche ou caucasienne. Les premières tribus de cette race connues sous le nom de Pélages, de Keltes, Gaulois, Kimris, Teutons, Sarmates, etc., partirent probablement du haut plateau de l'Asie centrale et des frontières de l'Inde, en se dirigeant vers la mer Caspienne, le Caucase pontique et l'Asie Mineure. Les uns franchirent les mers (d'où leur vient probablement le nom des Pélagiens) et peuplèrent d'abord la Grèce, les autres se disséminèrent au nord du Pont Euxin, du Mont Hæmus et des Alpes. La race dominante en Europe dans l'antiquité est la *race gréco-latine*, peuplant les pays riverains de la Méditerranée, et se mêlant plus loin au nord aux populations celtiques. Vers la fin du deuxième siècle avant l'ère chrétienne, apparaît une autre famille issue de la même souche, les Cimbres, les Teutons, *race germanique*, qui six siècles plus tard vient s'asseoir victorieuse sur les décombres de l'empire romain. L'Europe du moyen-âge est sous la domination de cette race, qui tient sous son joug la race gréco-latine, devenue race *romano-celte*. La lutte de l'élément latin avec l'élément germanique remplit toute l'histoire moderne, et ne finit qu'à la révolution française, et la chute de Napoléon, par l'intervention d'une troisième race européenne, long-temps ignorée, dominée, mais qui à son tour vise à une prépondérance absolue en Europe, la *race slave*. Voici donc cette puissante trilogie ethnographique européenne. A l'heure qu'il est, les populations des trois races principales en Europe sont presque équivalentes. Chacune d'elles compte environ soixante et quelques millions d'habitants, et domine plusieurs familles secondaires, qui finiront par se fondre en elle : telles sont les familles *basque, bretonne, flamande*, au milieu de la race romane ; les familles *hollandaise, gaélique, irlandaise*, aux confins de la race germanique ; telles sont enfin les familles *finnoise, lettone, magiare, valaque, albanaise* et *grecque*, au milieu de la race slave. La famille *turque*, de race asiatique mongole, n'est que campée en Europe.

Chacune des trois races principales admet encore une division trinaire. Ainsi, la race latine ou romano-celte se subdivise en trois grandes familles : italienne, espagnole (y compris la portugaise) et française. La race germanique comprend l'Allemand, l'Anglais et le Scandinave. Enfin la race slave embrasse trois divisions principales, Russes, Polonais et Slaves méridionaux, ou transcarpathiens.

Cette division en trois races et neuf grandes nationalités est de plus en parfaite harmonie avec les grandes divisions géographiques que nous avons déduites plus haut de l'aspect physique de notre partie du globe. En effet, la famille espagnole et portu gaise occupe la péninsule Ibérique, bornée par la mer et les Pyrénées, la famille italienne peuple ce beau pays *che il mar circonda e l'Alpe* (1). La France, entourée de l'Océan et de la Méditerranée, s'appuie aux barrières naturelles des Pyrénées et des Alpes, et sur la ligne stratégique du Rhin. La Grande-Bretagne est ceinte de ses flottantes murailles de bois (*wooden walls*). L'Allemagne, appuyée aux Alpes et à l'Adriatique, flanquée à l'est des contrées slaves et de la France à l'ouest, descend en pente douce vers les deux mers du nord. La Scandinavie s'allonge entre les deux mers et la ligne des lacs de la Finlande. La Dzwina, le Dniéper et les Carpathes séparent la Pologne de ses deux voisines de l'est et du sud, issues de la même souche.

(1) Pétrarque.

II.

Si maintenant à cette division, basée sur la configuration géographique et la constitution ethnographique de l'Europe, nous opposons la division politique actuelle, nous serons tout d'abord frappés du contraste affligeant que présente ce rapprochement. Le dernier régulateur des États européens, le congrès de Vienne, n'a rien consulté, ni limites naturelles, ni race, ni langue, ni mœurs, ni même les intérêts commerciaux des populations; il taillait dans le vif d'une nation, cousait ses lambeaux aux lambeaux détachés d'une autre nation, et formait des États nouveaux, en feignant un profond respect pour des antécédents historiques auxquels la révolution française avait déclaré la guerre. Il faut avouer que Napoléon lui avait donné ce funeste exemple; mais les frontières de son empire et des États ses vassaux avaient un caractère essentiellement tran

3*

\-oire : c'étaient des lignes stratégiques, mar-
quées pour les besoins de la guerre, et qui de-
vaient disparaître à la paix générale. Mais
qu'après la paix un congrès, composé de toutes
les prétendues capacités politiques de l'Europe, ait pu se laisser aller à cet impitoyable
démembrement de pays et de populations,
si justement qualifié de *traite des Blancs,*
parfaisant un chiffre d'*âmes* avec une somme
d'argent, créant des États sans consistance
et sans avenir, exhumant des titres princiers
et des priviléges sans portée aucune, **pour détruire des nationalités créées par la nature et
souvent appuyées sur l'histoire**, qu'un tel
congrès ait pu méconnaître à ce point les droits
de la raison, de la justice et de l'humanité,
c'est ce que nos neveux auront de la peine à
comprendre !

Au point de vue d'organisation politique,
l'Europe peut être divisée aujourd'hui en deux
grandes zônes, la zône constitutionnelle et la
zône absolutiste. Deux systèmes sont en face : le
premier reposant sur le dogme plus ou moins

explicite de la *souveraineté de la nation*,
système où les représentants du pays sont appelés à intervenir plus ou moins dans le gou-
nement d'un chef dynastique reconnu par la
nation ; l'autre, basé uniquement sur le dogme
de l'origine divine du pouvoir monarchique, de
la grâce de Dieu. Le premier comprend la
France, la Grande-Bretagne, la Belgique, la
Hollande, quelques États secondaires de l'Allemagne, la Suisse, les États scandinaves, et
enfin l'Espagne et le Portugal. L'autre embrasse l'Autriche et toute l'Italie, la Prusse, la
Russie, la Pologne et toute la Turquie. Jusqu'à
ces derniers temps, le premier système a été dirigé par l'alliance anglo-française, l'autre par
l'alliance dite dérisoirement *sainte*. Ces deux
systèmes rivaux se maintenaient dans un accord factice à l'aide de concessions récipro-
ques entre les cinq puissances dirigeantes, lorsque le traité du 15 juillet dernier est venu dissoudre cette *pentarchie* et remettre en question
l'œuvre du congrès de Vienne. Ce traité, qui n'a
pour but ostensible que la réduction du pacha

d'Égypte, porte dans ses flancs le germe d'un remaniement général de l'Europe; que le *statu quo* se prolonge, que le pacha cède, qu'il résiste ou qu'il succombe, que la guerre nous vienne d'Orient ou d'Occident, peu importe, elle nous viendra, parce qu'elle n'est pas seulement dans les hommes, mais au fond des choses, parce que c'est un nuage qui pèse depuis vingt-cinq ans sur l'Europe, et qui doit éclater tôt ou tard; si terrible qu'elle soit, cette guerre sera féconde en résultats pour l'assiette future des nationalités, et c'est pour nous rendre compte de ses conséquences probables que nous allons passer en revue les principaux États européens.

France.

Quoi qu'on en dise, c'est la *France* qui marche aujourd'hui à la tête du système constitutionnel européen. Elle a pu emprunter quelques formes extérieures de son gouvernement parlementaire à la Grande-Bretagne, mais son état social, profondément différent de celui de sa voisine, a tellement modifié cet emprunt,

que le régime constitutionnel moderne est bien
plutôt l'œuvre de la pensée politique française
que l'imitation des formes traditionnelles de
l'Angleterre. La révolution de juillet, en détrui-
sant en France l'aristocratie héréditaire et la
religion d'État, a inauguré en Europe un régime
constitutionnel nouveau, dont l'Angleterre a,
pour sa part, fort peu de chose à réclamer.
C'est à la France que revient la gloire d'avoir
posé les fondements d'une aristocratie toute
nouvelle, celle du mérite et de l'intelligence
au sein de l'égalité civile la plus absolue, de la
noocratie dans la *démocratie*. Je sais que ce
principe noocratique n'est encore appliqué
que très-défectueusement, que le cens élec-
toral n'est pas le seul indice de la capacité et
de la moralité, que la nomination des membres
de la Chambre viagère ne devrait pas se trou-
ver exclusivement entre les mains du pouvoir
exécutif; mais ce sont là des vices d'application, vices de moyens, que le temps corrigera
nécessairement. Le point capital, c'était de po-
ser le principe, de marquer nettement le but, les

conséquences viendront d'elles-mêmes et sans secousse violente, les moyens jailliront d'une discussion libre et féconde.

La France, qui, la première en Europe, a proclamé le principe de l'égalité civile, est aussi appelée à régénérer l'Europe entière à l'aide de ce principe. Tout concourt pour lui assigner ce beau rôle d'initiative politique et intellectuelle, sa position géographique, sa langue, le génie de ses habitants. Voyez en effet s'il est un pays plus admirablement situé pour concentrer dans son sein tout le travail du génie moderne? De Londres à Naples, de Berlin à Madrid, aucune invention, aucune idée nouvelle ne peut pénétrer sans taverser la France, qui s'en empare au passage et grossit ainsi son vaste dépôt de connaissances universelles, qu'elle féconde par ses propres idées, ses propres découvertes. Ce Paris, que l'on aime et que l'on dénigre tant, est réellement la capitale de la civilisation moderne. C'est l'Europe, non en miniature, mais dans sa quintessence. La religion et la philosophie, les sciences et les beaux-arts, la politique et l'industrie, tout passe au creuset de ce vaste laboratoire du monde civilisé. Chacun de ces éléments de la vie sociale peut à la rigueur se développer sur d'autres points du globe avec plus d'*intensité*, mais nulle part ce développement ne présente plus d'extension et *d'universalité*. Des esprits même supérieurs ne peuvent résister à cet entraînement de l'activité simultanée de toutes les sphères de la vie sociale; aussi leur reproche-t-on, dans les autres parties de l'Europe, d'être souvent superficiels. Les mêmes motifs expliquent cette mobilité du caractère de la population, qui vit constamment sous le coup d'impressions toujours nouvelles; mais cette mobilité même la rend plus propre à remuer à son tour la masse plus stationnaire de la population européenne; elle lui sert de levain et lui imprime le mouvement et la vie. La langue française, de toutes les langues la plus répandue en Europe, langue de la diplomatie et des salons, langue la mieux faite pour la conversation et la démonstration, quoique pauvre dans la poésie et dans la philosophie spéculative, est un instrument très-puissant pour la propagation des idées rationnelles de la politique et du socialisme moderne. Sous tous les rapports, la France est le vrai *juste-milieu* européen. Plus riche que l'Espagne et le Portugal, plus libre que l'Italie et l'Allemagne, elle est plus ingénieuse que l'Angleterre, qu'elle surpasse dans les sciences, les beaux-arts et la législation civile. Première puissance continentale, c'est à peine si elle se résigne au second rôle comme puissance maritime et commerciale. Son admirable unité politique, son administration dégagée des formes traditionnelles, et que l'on pourrait appeler *raisonnement appliqué*, ses mœurs, ses habitudes, ses plaisirs et jusqu'à ses costumes, exercent une influence incontestable sur toute l'Europe, sans en excepter l'Angleterre, qui vise le plus à l'originalité, et qui n'est qu'égoïste et mercantile. Tout gouvernement qui, en France, perd le sentiment de cette force expansive, qui, manquant à ses destinées, voudrait se claquemurer moralement dans les limites naturelles du pays, est un gouvernement antipathique au génie français et frappé de mort. Espérons que quel que soit l'homme placé par l'opinion à la tête du pouvoir, il sera assez convaincu de cette vérité pour ne pas la laisser méconnaître par d'autres. La politique passive ne va pas au tempérament de la France, elle fausse sa mission d'initiative européenne.

De tous les systèmes de politique extérieure, celui de la France, il faut lui rendre cette justice, a toujours été le plus généreux ; la question de principes prime chez elle la question d'intérêts, ou du moins la question d'intérêts est toujours en harmonie avec la question de principes. « Périssent les colonies plutôt qu'un principe, » disait, avec l'exagération montagnarde, un membre de la Convention ; « périssent tous les principes plutôt qu'une de nos colonies, » paraît être la maxime constante de l'Angleterre. Eh bien ! les colonies peuvent périr et les principes ne périront pas, voyez plutôt l'Amérique. La France est donc la protectrice née de tout mouvement constitutionnel en Europe, de tout mouvement civilisateur en Orient. La Belgique, les États secondaires de l'Allemagne, la Suisse, l'Espagne et le Portugal se meuvent dans le giron constitutionnel de la France. Elle a défendu la Belgique, appuyé la révolution dans la Péninsule, affranchi la Grèce, elle a sympathisé (rien que *sympathisé*, hélas!) avec le mouvement de la Pologne et de l'Italie. Aujourd'hui ce n'est pas la Turquie qu'elle appuye, elle sait que la Turquie d'Europe est destinée à redevenir chrétienne par l'affranchissement complet des populations grecques et slaves du joug turc et de la protection russe, elle prend en main la cause du pacha d'Égypte, parce qu'en ce moment Méhémet-Ali est le vrai civilisateur de l'Orient musulman : il remplit en Syrie et en Egypte le même rôle que la France en Algérie, il discipline et organise la race arabe, qui, de toutes les races de l'Orient, a le plus d'affinité avec la race romane (et non avec la race slave, comme on l'a prétendu). La conquête de l'Algérie est un véritable progrès pour l'humanité. L'Afrique septentrionale renaîtra un jour pour la civilisation européenne. La France doit appeler à cette œuvre de régénération de l'Afrique du nord toutes les puissances latines, l'Espagne et l'Italie; elle devrait pousser Naples et la Sardaigne à la conquête de Tunis et de Tripoli, l'Espagne à celle du Maroc, et protéger leur domination partielle dans ces parages. C'est alors que la Méditerranée deviendrait stratégiquement un lac français, sans cesser d'être commercialement une mer européenne.

Grande-Bretagne et Irlande.

La seconde puissance qui, par sa force maritime, son industrie et son commerce, favorisée par sa position géographique, dépasse encore aujourd'hui tous les autres États européens, cette vieille Angleterre, si fière de son aristocratie, de ses flottes et de son argent , me semble jouer depuis quelque temps un rôle politique bien indigne , un rôle bien opposé, mais aussi bien inférieur à celui de la France. L'aristocratie anglaise a eu ses beaux jours, mais le temps des aristocraties héréditaires est virtuellement passé. L'esprit démocratique français et américain , le catholicisme irlandais , sapent le vieil édifice social auquel whigs et torys se cramponnent avec acharnement, mais dont le temps détache tous les jours quelques supports. La grande habileté du gouvernement anglais , quant à la politique intérieure , a été de procéder par des concessions partielles, des réformes lentes, s'attachant aux traditions historiques, ne faisant nulle part table rase des habitudes séculaires, enveloppant, au contraire, des institutions libérales et des abus flagrants dans le même respect religieux. Mais toutes ces transactions, tous ces attermoyements aboutiront, en dernière analyse, à la destruction progressive de l'aristocratie. Un état social , dont la sixième partie est composée de mendiants, tandis que quelques milliers de familles étalent un luxe qui *fait mal aux yeux*, n'a plus une haute vitalité; un système religieux qui engraisse quelques prélats anglicans aux dépens de six millions d'Irlandais déguenillés, porte en lui son arrêt de mort. Cette société a besoin d'une refonte radicale, sinon elle se dissoudra, et l'Irlande, qu'un sage esprit de fusion aurait amalgamé depuis long-temps avec la population anglaise, se détachera un jour du tronc qui absorbe tous ses sucs nutritifs. On ne pourrait empêcher cette catastrophe, qui en sera une pour tout le monde, qu'en divisant avec équité les revenus de la terre, sans en morceler la surface, et qu'en facilitant, aux frais du trésor public, les émigrations de la population exubérante.

La mission de l'Angleterre est de perfectionner la civilisation générale dans ses voies industrielles et commerciales, de civiliser l'Asie méridionale et de l'extrême Orient en modifiant le Brahmanisme et le Bouddhisme par l'influence sagement circonspecte de l'esprit chrétien (1). Sa mission enfin est d'affranchir la race noire de l'esclavage dans lequel elle gémit. C'est en marchant dans ces voies que l'Angleterre remplit un rôle vraiment humanitaire, et qu'elle est assurée des sympathies de toute l'Europe. Mais lorsque cette puissance, emportée par ses instincts avides de marchand, s'efforce de monopoliser le commerce du monde entre ses mains, lorsque, imbue de ses préjugés aristocratiques, elle comprime un mouvement civilisateur ou libéral qui lui paraît contraire à sa soif de domination commerciale, alors elle blesse les droits les plus légitimes des peuples, et se fait maudire par tous les vrais amis des progrès de l'humanité. En général, la politique extérieure de l'Angleterre, envers les autres États européens, est remplie de perfidie et caractérisée par une tendance manifeste à l'oppression. Dans sa rapacité mercantile, l'Angleterre est sans cesse à l'affût du mo-

(1) Voir, a ce sujet, le travail remarquable de M. A. de Jancigny, publié dans la REVUE DES DEUX-MONDES sous ce titre : *État actuel des Indes anglaises.*

ment propice pour arracher un lambeau à quelque nationalité européenne, témoin les îles Sorlingues (Jersey, Guernesey), Gibraltar, Malte, les îles Ioniennes, Helgoland, dépendances naturelles de la France, de l'Espagne, de l'Italie, de la Grèce et de l'Allemagne. Telle est encore sa conduite en Asie envers la Syrie, l'Arabie et la Perse, où elle vient de s'emparer de plusieurs points importants sur les côtes, pour les garder en sa possession. En attaquant chaque puissance qui pourrait lui demander une part quelconque dans la suprématie maritime qu'elle s'arroge, elle foule aux pieds toutes les formes du droit, et s'étonne même, dans sa naïveté de forban, qu'on le trouve mauvais. Cette piraterie, exercée au mépris de toute l'Europe, dans le but égoïste d'une domination exclusive, devra nécessairement avoir sa fin. Il est de l'intérêt de tous les peuples de l'amener le plus tôt possible, et c'est encore la France qui est appelée à conduire cette croisade pour la liberté des mers.

Par sa position, l'Angleterre est destinée à

être toujours l'intermédiaire du commerce de l'Amérique et de l'Europe septentrionales; mais lorsqu'elle prétend accaparer le commerce de la Méditerranée, elle agit contrairement aux droits mieux établis des riverains.

L'Espagne et le Portugal.

Une vie nouvelle a commencé pour l'Espagne et le Portugal. Ces deux pays, appelés par la position géographique, la communauté d'origine et d'intérêts, à une fusion que les préjugés des habitants, peu éclairés encore, semblent empêcher, ont embrassé les nouvelles idées libérales avec toute l'ardeur paroxismale et en même temps toute l'apathie intermittente de leur caractère semi-africain. Il est à remarquer que chaque idée dominante d'une époque a été poussée dans ces contrées jusqu'à ses conséquences les plus extrêmes. Ainsi le catholicisme y fit naître l'inquisition; l'esprit de découverte y produisit les brigandages de Cortez et de Pizare et le gouvernement tyrannique de Goa; la chevalerie et le libertinage y créèrent ces types immortels de Don Quichotte et de Don Juan; je crains bien que la liberté constitutionnelle moderne n'y aboutisse à une démagogie stupide et effrénée. C'est encore à la France qu'appartient la tâche d'y défendre la liberté des excès d'une anarchique licence, fomentée par les intrigues déloyales de l'Angleterre, qui en profite pour inonder le pays de ses marchandises de contrebande. Pour contenir et discipliner le mouvement désordonné de l'Espagne, qui ne sort d'une crise que pour retomber dans une crise plus grave, il faudrait que la France lui créât un but d'activité au dehors. L'Espagne, qui, heureusement pour elle et pour l'humanité, a perdu ses colonies en Amérique, devrait être associée aux efforts de la France dans la conquête de l'Afrique septentrionale. L'empire de Maroc deviendrait son lot. La France devrait l'aider dans la prise de Tanger, de Tétouan et autres ports marocains, et de cette manière créer une solidarité complète entre les intérêts des deux puissances, et une défense mutuelle des acquisitions de chacune d'elles contre l'avidité de l'Angleterre. C'est encore l'Angleterre qui pèse, par sa protection intéressée, sur le Portugal, dont elle capture les vaisseaux, sous prétexte d'empêcher la traite des nègres, et, en réalité, pour s'emparer de ses colonies en Afrique et en Asie. Nous voyons ici l'inconvénient de l'existence des petits États soi-disant indépendants. Le Portugal et l'Espagne, réunis par de forts liens politiques, sinon administratifs, formeraient un État important du second rang, et pourraient même, avec le développement de leurs richesses, remonter au rôle de puissance de premier ordre, qu'ils occupaient vers la fin du XVIe siècle. Du reste, le travail de fusion des petites nationalités dans les grandes est manifeste de notre temps; on est encore quelque peu Flamand, Suisse, Bavarois, Piémontais, mais on ne se dit plus que Français, Allemand ou Italien.

La Suède, la Norwége et le Dannemark.

A l'extrémité de l'Europe opposée à la pé
ninsule Ibérique, se trouvent les États scandinaves. Le Dannemark, la Suède et la Norwége furent liés politiquement pendant quelque
temps, au XIV* et au XV* siècle, par l'union
de Calmar ; les deux premiers de ces États
échangèrent, de nos jours, la possession du
troisième : le second perdit la Finlande. Cette
perte ne peut être, selon nous, que temporaire : la Russie entretient un corps de troupes
dans le grand-duché, mais c'est la Suède qui
y domine moralement : la langue lettrée est
la langue suédoise ; tout ce qui compose la
classe éclairée, le clergé, les employés, la
noblesse, la bourgeoisie est suédois. A la première circonstance favorable, la Suède, qui
n'a pas oublié le rôle qu'elle a joué sous Gus-
tave-Adolphe et Charles XII, saura recouvrer
une ancienne possession qui fait partie intégrante de sa nationalité. Aujourd'hui la Suède

et le Dannemark sont ballottées entre les deux influences contraires de la Russie et de l'Angleterre, dont la première comprime leur liberté politique, et la seconde, leur développement commercial et maritime. Pour que les États scandinaves puissent sortir de cette gêne, il faut qu'ils renouvellent l'union de Calmar, fondent un gouvernement central à Copenhague, réforment leur représentation nationale, qui a conservé encore la division féodale par ordres ou par provinces, et, s'appuyant du concours de la Prusse, devenue l'Allemagne, et de la Pologne régénérée, demandent compte à la Russie de ses vexations et de ses rapines. Maîtres du passage du Sund, possédant une marine militaire qui, aujourd'hui même, peut être évaluée à dix-huit vaisseaux de ligne et presque autant de frégates, les États scandinaves pourront contrebalancer la suprématie que la Russie s'arroge sur la mer Baltique, au détriment de tous les riverains. Les troupes scandinaves, renommées de tout temps par leur vigueur et leur intrépidité, formeront, en Finlande , une barrière puissante contre les envahissements de la Russie, dévorée d'une soif de domination exclusive dans le nord.

Prusse. Allemagne.

Si des pays constitutionnels nous passons aux États sujets au régime absolu, la première puissance qui s'offre à nos yeux comme une espèce de transition est la *Prusse*. Cette monarchie, sauf quelques provinces de l'est, est un État essentiellement germanique, qui, quoique privé d'une constitution politique, est encore, dans sa base, le plus démocratique de toute l'Allemagne. Créé par le génie d'un grand homme, illustrée par les premiers savants du monde, la Prusse est appelée à jouer dans l'avenir un rôle vers lequel elle marche tous les jours, celui d'opérer l'union politique de 'Allemagne, comme elle vient d'accomplir sous nos yeux son union commerciale. Sa configuration géographique incohérente déote un État purement transitoire, dont elle a hâte de sortir, et elle ne pourra le faire qu'à l'aide de la France. En effet, les premiers pays indispensables pour lui assurer quelque continuité et quelque cohésion, sont le Hanovre et la Hesse électorale; or, ce n'est pas avec le secours de l'Angleterre et de la Russie qu'elle s'en emparera jamais, c'est en échangeant leur possession contre la rive gauche du Rhin. Affermie de cette manière sur les deux mers qui baignent le nord de l'Allemagne, assurée d'une union intime avec la Hollande, elle s'étendra par degrés dans le centre et le sud de l'Allemagne, d'où son influence exclue tous les jours davantage celle de l'Autriche, assemblage hétérogène de toutes sortes de nationalités, monarchie stationnaire, et ennemie de tout progrès intellectuel. L'union des douanes prussiennes embrasse déjà presque toute l'Allemagne, à l'exception du Hanovre, de Mecklembourg, des villes anséatiques et de quelques principautés minimes du centre. Les universités de la Prusse, et surtout celle de Berlin, exercent une grande influence sur tout le mouvement

intellectuel du pays. son protestantisme lui
crée de nombreux adhérents, même dans
l'Allemagne du sud.

L'organisation militaire de la Prusse est
sans contredit une des meilleures en Europe ;
son administration est des mieux raison-
nées et des plus paternelles ; et si le pays ne
jouit pas d'un régime constitutionnel, il faut
l'attribuer uniquement à sa mauvaise délimitation territoriale, qui ne présente que des
provinces sans cohésion, sans esprit public
uniforme, sans unité dans la législation civile
et les formes judiciaires. Voilà pourquoi la vie
de la Prusse se résume jusqu'à présent dans la
caserne, l'université et l'union des douanes.
Pour que la Prusse devienne constitutionnelle,
il faut qu'elle cesse d'être Prusse, il faut que,
renonçant à ses possessions de l'est, telles que
le grand-duché de Posen, la vieille Prusse et
la Silésie, qui sont parties intégrantes de la
Pologne, elle devienne Allemagne, Teutonie
(*Teutschland*). Il est de l'intérêt de la France
de l'aider dans cette transformation, parce

qu'alors les deux peuples, assis chacun sur ses véritables bases, jouissant d'institutions politiques adaptées à leur génie, n'auront aucun motif d'inimitié.

On a, dans ces derniers temps, fait beaucoup de bruit d'une prétendue oppression que le gouvernement prussien exerçait contre les catholiques à propos des *mariages mixtes*. Ce n'était pas une lutte entre deux principes religieux, c'était une lutte toute politique entre le cabinet de Vienne et celui de Berlin ; ce dernier est trop éclairé pour ne pas comprendre tous les avantages de la tolérance ; mais, protestant lui-même, pouvait-il subir l'intolérance catholique fomentée par les menées autrichiennes ? Du reste, l'élément protestant est le véritable élément germanique ; il prédomine chez tous les peuples de cette race, en Allemagne, en Angleterre et dans les États scandinaves, de même que l'élément catholique prédomine chez les peuples de race romane. Et c'est là encore un grand fait duquel découle naturellement, au profit de la Prusse, la suprématie allemande. Pour arriver à ce but, la Prusse ne saurait se passer de l'alliance française ; c'est la France seule, comme nous l'avons déjà remarqué, qui peut l'aider à accomplir cette mission que la Providence lui a transmise par le génie du grand Frédéric. Unie à la France, la Prusse pourra enfin secouer le joug d'une protection hautaine ; qu'elle rende cette part de proie sanglante que la Russie lui a adjugée, pour la faire sa feudataire, en lui fermant en même temps tout commerce avec la Pologne, aujourd'hui privée de ses débouchés naturels, par les ports situés sur la Baltique, à l'embouchure des grands fleuves de la Vistule et du Niémen.

Le nouveau roi de Prusse a beau dire que « son royaume ressemble à l'airain, noble mé- »tal, bien qu'il soit composé de différents élé- »ments », il y a des parties de l'est qui ne forment avec le reste de ses possessions qu'un amalgame pareil à celui de quelques métaux connus en chimie pour se dissoudre dans de l'eau tiède. C'est par la fusion seule des États allemands que la Prusse arrivera à former un corps de bronze.

L'Autriche.

L'Autriche est incontestablement le centre du système absolutiste européen, comme la Russie en est la clef de voûte. On a tant de fois répété que l'Autriche n'est pas une nation, mais un système de gouvernement, que cette assertion des publicistes est devenue une vérité banale. En effet, nulle puissance moderne ne présente un amas aussi monstrueux de nationalités hétérogènes. Les peuples des trois races qui se divisent l'Europe ont fourni leur contingent à ce vaste bercail, dirigé par quelques têtes méthodiques. Le gouvernement de l'empire autrichien est une transaction perpétuelle entre l'esprit féodal et le génie de la civilisation moderne; il va sans dire que la transaction s'opère toujours, autant que possible, au profit du premier. C'est l'État le plus stationnaire de notre partie du monde, la

véritable Chine de l'Europe. La société forme
une série de couches superposées, dont le
gouvernement détermine la pression avec cet
esprit minutieux et fourbe qui le caractérise,
caressant le clergé, protégeant et terrifiant
l'aristocratie, calculant avec une rigoureuse
exactitude la quantité de pain et de coups de
bâton, de travail et de repos, d'instruction et
de bêtise, nécessaire pour faire vivre le peuple dans l'apathique béatitude qu'un fermier
prévoyant sait ménager à l'animal employé
aux travaux de sa ferme. Le gouvernement
autrichien paraît être perpétuellement do-
miné par cette crainte, que les gouvernés ne
deviennent un jour aussi intelligents que ceux
qui les mènent; aussi a-t-il organisé réguliè-
rement une vaste proscription du génie, con-
centrant toute l'activité intellectuelle dans
quelques sciences utilitaires, accordant quelque protection aux beaux-arts dans ce qu'ils
ont de plus matériel, mais étouffant sans merci
tout ce qui constitue en poésie le beau idéal.

et tout ce qui peut donner un libre essor.à la pensée philosophique et politique.

C'est principalement sur l'Italie que l'Autriche pèse de sa masse de plomb et d'argile ; c'est là qu'elle exerce de préférence son système d'*asphyxie* gouvernementale, qu'elle refoule à coups de baïonnettes tout élan de liberté. L'empereur et le pape, ces deux figures historiques surannées, se sont enfin donné la main pour opprimer, d'un commun accord, Guelphes et Gibelins. Le successeur du fier pontife aux genoux duquel Henri d'Allemagne s'humiliait à Canossa, n'est plus que le coadjuteur spirituel du prince de Metternich. Le saint père n'a plus d'entrailles pour les catholiques égorgés par les schismatiques. Le monde gardera mémoire de sa honteuse lettre encyclique au clergé de Pologne ; en revanche, il déploye un zèle extraordinaire contre les mariages mixtes et les doctrines *Lamennaisiennes*. Le saint siége est une charpente vermoulue, comme la sublime Porte ; les deux chefs de la chré-

tienté et de l'islamisme sont le *caput mor-
tuum* de la civilisation moderne de l'Occident
et de l'Orient ; l'empereur d'Autriche est le
Saint-Esprit de cette Trinité , dont chaque
membre a besoin d'une rénovation complète
pour être le symbole de quelque chose.

L'antagonisme de la France et de l'Autriche
gît dans la nature des choses ; ce sont deux
éléments opposés, dont l'action incessante est
de s'entre-détruire. L'esprit français est le dis-
solvant de la matière autrichienne, qui lui résiste par sa force d'inertie. C'est du côté de
l'Italie que porteront toujours les premiers
coups de la France, à chaque conflagration
nouvelle, jusqu'à ce que cette terre classique
des lettres et des arts soit enfin affranchie de
l'oppression tudesque. Espérons que bientôt
nous entendrons retentir au-delà des Alpes un
bruit de chaînes brisées !

Si l'Autriche est incessamment travaillée par
la peur de la propagande française, si elle
tremble à la vue d'un article de journal, d'une
cocarde tricolore, au son d'un air patriotique

ses alarmes ne sont pas moins grandes du côté de la Russie. La question orientale , plus avancée, les mettra en évidence. La guerre que se font ces deux puissances, du côté de la Turquie, est aussi secrète qu'elle est invétérée.

On sait les moyens que mit en jeu **M. de** Metternich pour arracher à l'empereur Alexandre l'anathême contre l'insurrection de la Grèce. On avait forgé une correspondance secrète entre les *hétairistes* grecs et les carbonari italiens pour la mettre sous les yeux de l'autocrate. Mais la bataille de Navarin et l'expédition française de la Morée ont fait crouler tout cet échafaudage d'obstacles élevés par la main de l'Autriche. Le traité d'Andrinople fit surgir autour de ses frontières une série de petits États à moitié indépendants. L'émancipation partielle de la Moldavie, de la Valachie et de la Servie sont autant de coups portés à la sécurité de l'Autriche, qui voit avec épouvante le protectorat russe l'envelopper de toutes parts. Le royaume de Pologne, réduit à l'état de province russe, a amené ces terribles voisins

jusque sous les murs de Cracovie. La Russie a
accordé à l'Autriche, comme une fiche de con-
solation, l'occupation de cette dernière ville,
pour partager avec elle la responsabilité d'une
violation flagrante du traité de Vienne. Les
seuls motifs qui maintiennent la Russie et l'Autriche dans une concorde apparente sont la
nécessité d'opprimer conjointement les provinces polonaises, et l'antipathie commune
contre les idées françaises. Mais le premier de
ces motifs a perdu de sa force depuis la chute de
Varsovie en 1831 : la Russie se croit appelée à
régner sur toute la Slavonie; l'empereur de
toutes les Russies convoite déjà secrètement la
Galicie , nommée autrefois *Russie Rouge*; il
croit mentir à son titre tant que cette belle
province polonaise restera entre les mains de
l'Autriche. Dans la Servie, le cabinet de Saint-
Pétersbourg exerce une influence de jour en
jour plus menaçante: la destitution récente du
prince Milosch, due aux intrigues russes, en est
une preuve évidente. La Russie, de ce côté,
parle de liberté civile ; elle envoie une presse

à Belgrade pour imprimer un journal dans la langue des colons militaires du *Bannat* autrichien, elle y protége la religion grecque, pour laquelle les sujets de l'est de l'Autriche ont souffert beaucoup de persécutions. Elle force cette dernière puissance à entretenir sur ce point une police sévère, des cordons militaires dispendieux et une douane vexatoire. L'odeur du tabac de contrebande, la vue d'un bouton moscovite à la veste d'un slavon font entrer en fureur les employés de sa majesté apostolique. Cette position n'est plus tenable; il faut que l'Autriche prenne son parti, qu'elle se résigne à perdre l'Italie et le Tyrol, ou les pays slaves. Le premier parti serait le plus raisonnable. Dégagée de sa position embarrassante à l'ouest par la cession du royaume Lombardo - Vénitien à l'Italie indépendante, du Tyrol et de Salzbourg à la Suisse et à l'Allemagne, elle pourrait tourner toutes ses forces vers l'est, où les plus beaux pays du monde attendent sa domination : la Croatie, la Bosnie, la Herzegovine, le Montenegro, une

partie de l'Albanie , la Servie , la Valachie , la
Moldavie, la Bulgarie, jusqu'au mont Hæmus ;
toutes ces provinces slaves comme la majorité de
l'empire autrichien, pays riches, fertiles, n'ont
besoin que d'un gouvernement régulier pour
s'élever au plus haut point de prospérité in-
dustrielle et commerciale. Mais si elle veut at-
teindre ce but, il faut que l'Autriche se sépare
de la Russie, qu'elle s'allie à la France, et con-
coure à faire revivre la Pologne en lui restituant
la Galicie. Ce projet de reconstitution de l'empire autrichien n'est pas nouveau ; M. de Tal-
leyrand en avait conçu un pareil avant la conclusion du traité de Vienne, en 1809. C'est le
seul qui puisse lui assurer une sorte d'unité en
le constituant empire slave ; il mettrait en ses
mains la navigation sur le bas Danube , le
rendrait maître de ses embouchures et coupe-
rait court à toutes les tentatives de la Russie
sur Constantinople. Cette dernière capitale deviendrait alors le siége du gouvernement du
nouvel État grec que l'Autriche protégerait au
nord. La Turquie serait reléguée en Asie,

6

comme c'est sa destinée irrévocable ; Smyrne
remplacerait Stamboul.

Russie. Pológne.

L'empire russe est, comme nous venons de
le dire, la clef de voûte du système absolutiste
en Europe. Cette monarchie gigantesque, qui
embrasse en étendue la neuvième partie du
continent, appuyée d'un pied sur la Chine, de
l'autre sur la Turquie et l'Autriche, le plus
vaste État que le monde ait jamais connu,
marche encore vers un agrandissement ulté-
rieur. Sa puissance cependant est loin d'é-
galer son étendue ; on s'en fait même généralement une idée fort exagérée dans l'Europe
occidentale. Et d'abord, si nous retranchons
les déserts glacés de la Sibérie, qui, sur
211,840 mil. c., c'est-à-dire sur une surface
d'un tiers plus grande que l'Europe, ne compte
qu'environ 1,660,000 habitants , nous verrons
l'espace plus ou moins peuplé de l'empire se
réduire à moins d'un tiers de sa superficie to-

tale. Il est vrai que c'est encore la plus grande moitié de l'Europe, mais c'est précisément cette immense étendue qui est le côté faible de la monarchie des czars. Si toute la population de cet empire, qu'on peut évaluer approximativement à soixante millions d'habitants, était concentrée sur le tiers de la superficie qu'elle occupe seulement en Europe, sa puissance offensive serait triplée. Telle qu'elle est en ce moment, la Russie est plutôt redoutable par sa position défensive et l'astuce de sa diplomatie que par sa puissance matérielle, dont les mouvements ne s'opèrent qu'avec une peine infinie. La guerre de l'insurrection polonaise et des Circassiens dans le Caucase sont des preuves éclatantes de cette assertion. Mais plus on avance, plus la population se condense, plus la force agressive de la Russie augmente, plus ses ressources s'accumulent.

La Russie a fait depuis quelque temps des progrès notables dans l'industrie et le commerce; mais ce qui attriste au milieu de ce développement de la richesse, c'est que la

liberté, même civile, suit une marche inverse :
plus la population augmente, plus le nombre
des serfs s'accroît. Et, à ce sujet, nous ju-
geons de notre devoir de faire une digression,
pour combattre les assertions erronées d'une
feuille quotidienne, dont nous apprécions le ta-
lent de rédaction. Le *National* du 22 septem-
bre dernier, dans un article remarquable sur la
Russie, prétend que le développement indus-
triel a augmenté le nombre des travailleurs
libres dans une telle proportion que le nombre
des serfs, dans tout l'empire, peut être évalué
à dix millions seulement, c'est-à-dire à la
sixième partie de la population totale. Nous
ne savons pas où l'auteur de cet article a puisé
ces renseignements, mais voici les chiffres du
dernier recensement officiel fait en 1836 par
ordre du gouvernement russe lui-même. Nous
commencerons par séparer de ce dénombre-
ment les provinces qui ne sont point incor-
porées dans l'empire, ou qui du moins jouissent
d'une administration distincte, due à leurs antécédents historiques ; tels sont : le royaume

de Pologne, le grand-duché de Finlande, les provinces transcaucasiennes, les colonies de l'Amérique du Nord. Nous distrairons également les populations nomades ou qui le sont encore à moitié, et qui n'ont d'autre obligation que de fournir un contingent de troupes pendant la guerre : tels sont : les Cosaques de différentes dénominations, les Baskirs, les Kalmouks, les Kirguises et quelqnes autres tribus du Caucase. Le chiffre total des populations de ces deux catégories s'élève, d'après le dernier recensement, à 9,438,957 âmes. Reste donc, pour l'empire proprement dit, divisé en gouvernements (*goubernies*) et quelques arrondissements (*oblasti*), environ cinquante millions d'habitants. Sur ce chiffre

Le clergé comprend. . . .	539,007 âmes.
La noblesse héréditaire personnelle, les soldats libérés du service et les employés subalternes . .	1,075,845
Les marchands, les bourgeois, artisans et commis	3,475,868
Total de la population de condition libre	4,790,720

Les paysans, dans les domaines du fisc et les apanages des membres de la famille impériale. *Serfs de la couronne.*	21,463,993 âmes.
Les paysans dans les terres seigneuriales. *Serfs de la noblesse.*	23,362,595
Total de la population dans le servage	44,826,588

En comparant ces deux totaux, nous voyons que ce n'est pas la population des serfs qui forme le sixième de la population générale, mais que c'est plus que l'inverse qui a lieu, c'est-à-dire qu'il n'y a, dans l'empire proprement dit, qu'un homme prétendu libre sur dix esclaves. Nous qui connaissons la Russie, pour l'avoir visitée et étudiée, nous assurons l'auteur de l'article que ce dernier résultat est plus que vraisemblable.

Les trois plaies profondes qui rongent cet empire colossal sont : l'esclavage du peuple des campagnes, l'ignorance de la bourgeoisie, la corruption et la vénalité des fonctionnaires tant civils que militaires. L'empereur

Alexandre, pendant la période libérale de son règne, se donna beaucoup de peine pour porter quelque remède à ces maux. Dans ce but, il approuva l'émancipation des paysans dans les trois gouvernements riverains de la Baltique, c'est-à-dire la Courlande, la Livonie et l'Estonie; il encouragea et récompensa les affranchissements partiels faits par les propriétaires nobles; il fonda des universités pour propager l'instruction supérieure dans la classe moyenne; il fit faire des enquêtes sévères, suivies de punitions rigoureuses, contre quelques employés gorgés de rapines. Mais les congrès de Troppau et de Laybach changèrent bientôt ses inspirations réformatrices, qui, du reste, n'avaient servi qu'à mettre en évidence l'impuissance des palliatifs. Nicolas, dans lequel certains publicistes mal avisés croient voir un esprit progressif, et qui n'est en réalité qu'un homme orgueilleux et un esprit médiocre, mais qui s'imagine être ce *czar à barbe au menton* que Napoléon appelait à la conquête de l'Europe, prend le contre-pied

des mesures qui valurent des bénédictions
à son prédécesseur. Nicolas a établi tout ré-
cemment un ministère des domaines de la
couronne. On s'imagina que c'était pour éman-
ciper progressivement presque toute une moitié
de la population serve; mais on n'a pas été
long-temps à se détromper : le ministère nou-
vellement créé ne s'applique qu'à tirer un plus
grand revenu de ces domaines, en pressurant
davantage les malheureux paysans. L'empereur a besoin d'argent, de beaucoup d'argent,
a dit le ministre des finances Kankrin; voilà
l'idée dirigeante de toutes les réformes faites
sous ce règne néfaste; voilà les motifs de l'inique spoliation des familles des émigrés, de ces
familles qui devraient hériter des biens des re-
belles condamnés à la mort civile, d'après la
législation même de l'empire. L'empereur a
aboli deux universités et un lycée de hautes
études dans les provinces polonaises, et n'a
pas érigé une seule université nouvelle, ou
plutôt il en a érigé une, celle de Kiiow, pour
l'abolir lui-même quelques années après. Dans

ses nouveaux réglements, il défend aux enfants de la bourgeoisie de fréquenter les mêmes écoles que les nobles. Au lieu d'extirper la corruption des employés, il leur crée de nouvelles incitations au pillage, en leur donnant l'administration des biens confisqués, et le monopole des dénonciations, poursuites, enquêtes et jugements pour délits politiques, toutes choses qui sont de l'or en barre pour ces pachas en uniforme. On se fait difficilement une idée nette de ce que c'est que l'administration intérieure de cet empire immense, à laquelle aucun sentiment d'honneur n'a jamais présidé. La prévarication des juges, la dilapidation des patrimoines, l'oppression des hommes pauvres y sont dans l'ordre normal des choses. Il faut rançonner ou être rançonné, il n'y a point de milieu. Aussi quand les nobles russes, qui sont généralement tous dans le service militaire ou civil, se comparent aux Romains, c'est toujours aux proconsuls et aux décurions qu'il faut penser; quant aux subalternes, ce sont de vrais Romains du bas-empire. Les seuls mobiles mis en jeu dans ce pays, où la civilisation n'a fait que corrompre la haute classe, sans affranchir le peuple, sont l'avidité et la terreur. Ceci n'est point de l'exagération! L'empereur, tout autocrate qu'on le dit, est bien loin de pouvoir, d'un jour à l'autre, changer ces bases de l'existence de son empire. L'aristocratie russe, la plus insolente et en même temps la plus rampante de toutes les aristocraties connues, se laissera dégrader, déporter individuellement par un simple caprice du czar; mais que celui-ci essaye de prononcer l'abolition du servage, ou l'égalité devant la loi civile, et il ira aussitôt rejoindre ses ancêtres à l'aide d'une attaque d'apoplexie foudroyante. Voilà pourquoi l'humanité n'a rien à attendre de ce gouvernement pendant des siècles. L'empire grandira outre mesure, si l'on n'y prend garde. La Galicie autrichienne et la vieille Prusse, ainsi que le grand-duché de Posen, tomberont un jour dans la possession du czar, qui a besoin de ces provinces pour

compléter sa domination sur la Pologne. Quant
à Constantinople et à la Turquie d'Europe , il
y a long-temps que le souverain de Saint-Pé-
tersbourg les regarde comme les dépendances
naturelles de son empire. Le sultan n'est que
le pacha de Stamboul aux yeux de son protecteur , qui le destituera à la première occa-
sion favorable, pour mettre à sa place son fils
puîné Constantin , réalisant ainsi le vœu non
accompli que sa grand'mère Catherine avait
formé à l'égard de son frère aîné, portant le
même nom. Constantinople , ville de Constantin , s'appelle aussi en russe *Czaregrad* , ville
des czars ; pour les sectateurs de la foi gréco-
russe, l'église de Sainte-Sophie, convertie en
mosquée, c'est la Mecque des sectateurs d'Islam tombée entre les mains des Wahabites ,
c'est la Jérusalem des croisés souillée par
la présence des Sarrasins. Le peuple russe est
certainement aujourd'hui le plus fanatique de
tous les peuples européens; et si une guerre
quelconque peut allumer en lui un autre en-
thousiasme que celui de l'obéissance passive ,

c'est celle où il croira combattre pour le triomphe de son culte.

Une fois en possession de la Turquie et de sa capitale, du Bosphore et des Dardanelles, une fois maître de la ligne des Carpathes, des rives de la Baltique, où débouchent les deux grandes artères de la Pologne, la Vistule et le Niémen, et de la Méditerranée, où l'attendent les îles de l'Archipel, il ne restera plus au czar, pour accomplir la grande pensée d'un *empire slave*, que la conquête de la Hongrie, de la Silésie et de la Bohême. Et ce n'est pas une chimère que ce projet d'un empire universel de la Slavonie, c'est le thême favori de toutes les élucubrations politiques des publicistes russes. Les conspirateurs jugés en 1825 le projetaient tout aussi bien que les conspirateurs de cabinet qui les condamnèrent. Ceux-ci n'abandonnent aucune idée d'agrandissement qui flatte leur soif de domination et de rapines à exercer dans des pays toujours nouveaux. Si ce projet vient à se réaliser, c'en est fait de la liberté de l'Europe. La Russie ne l'englobera pas tout entière dans sa domination directe, mais elle y régnera en maître par sa diplomatie ; tout ce qui encourra le déplaisir du czar sera sévèrement réprimandé, et au besoin châtié par ses troupes, toujours prêtes à se ruer sur l'Occident. L'empereur et autocrate de tous les Slaves n'administrera pas les pays de race germanique et latine, il se contentera de les protéger et de lever sur eux de temps en temps des contributions de guerre. L'Autriche doit s'attendre la première à un anéantissement complet, si elle laisse la Russie s'emparer de la Turquie. Mais, pour l'en empêcher, elle n'a d'autre moyen que de se mettre à sa place, abandonner l'Italie et le Tyrol, qui lu échapperont tôt ou tard, s'emparer, par un coup de main hardi, des provinces danubiennes, et prêter assistance à la reconstruction de la Pologne, en lui restituant la Galicie, et s'alliant à la France. De cette manière, l'Autriche gagnerait en étendue, et, si elle perdait immédiatement quelque chose en richesse et en population, quelques annéesd'une bonne administration dans ses nouvelles acquisitions lui feraient compenser avec bénéfice cette perte temporaire. Mais pour cela , encore un coup , il faut qu'elle aide au rétablissement de la Pologne.

En effet , c'est la seule barrière qui à l'avenir la garantira contre toute attaque de la Russie. La Pologne régénérée formera un État puissant et régulier. Les leçons du passé ne seront point perdues pour elle. Appuyée au nord à la mer Baltique, sur tout le littoral , depuis l'embouchure de la Dzwina jusqu'à l'extrémité de la Poméranie orientale , séparée de l'Allemagne par l'Oder et la Neisse; par les Sudètes, les Carpathes et le Dniester de l'Autriche, elle atteindrait à la mer Noire, depuis l'embouchure de ce fleuve jusqu'au confluent du Dniéper et du Bogh , et toute sa force serait concentrée sur ces derniers fleuves ainsi que sur la Dzwina, du côté de l'est , pour contenir la Russie dans ses justes limites , et préserver l'Europe de ses envahissements. Il ne faudrait pas en conclure que la Russie serait complète-

ment reléguée en Asie, comme raisonnent ceux
qui voudraient justifier cette puissance de la
spoliation inique de la Pologne. La Russie .
gardant le littoral de la Baltique, depuis *Riga*
jusqu'à *Viborg*, et celui de la mer Noire , depuis *Kherson* jusqu'à *Anapa* , avec tous les
ports de la Crimée , serait encore une puissance menaçante ; mais au moins elle serait
contenue , sur la première de ces mers. par
les flottes scandinaves réunies , sur la seconde, par celles de l'Autriche, et par l'armée
polonaise sur le continent. Son activité se re-
porterait alors sur l'Asie centrale. L'expédition
de Khiva serait suivie d'une autre à Bokhara
et d'une troisième à Kaboul et à Kashmir. Les
comptoirs russes couvriraient les rives de l'In-
dus et du golfe Persique , les caravanes par-
courraient la Tartarie chinoise, pénétreraient
dans le Thibet, et feraient remonter toutes les
richesses commerciales de la Chine et de
l'Inde au nord de l'Altaï, du Caucase et de la
mer Caspienne. Le Volga et ses affluents.
joints par des canaux au Don, à la Néva, et

à la Dwina orientale, distribueraient ses denrées entre les ports de l'Euxin, de la Baltique et de la mer Blanche. Alors la Russie remplirait réellement un rôle civilisateur et humanitaire; alors les sympathies de toute l'Europe lui seraient acquises; alors aussi ses nombreuses populations pourraient être affranchies du servage. La Pologne libre lui donnerait l'exemple de cet affranchissement, lui inculquerait les idées d'égalité civile, et la préparerait à la liberté politique. C'est là sa mission dans la Slavonie.

La Turquie. Question d'Orient.

Quatre siècles se seront bientôt écoulés depuis que Mahomet II planta l'étendard du Prophète sur les murs de Constantinople. Cette irruption de l'islamisme en Europe, contrepartie obligée des guerres des croisades, amena une phase nécessaire dans le développement du monde chrétien. La renaissance des lettres et des arts et la réforme religieuse, avant-cou-

leurs de la grande révolution française, furent
la *première conséquence* de ce changement
providentiel de l'Occident. La *seconde*, c'est-
à-dire l'initiation de l'Orient mahométan à la
civilisation européenne, est justement celle qui
se déroule devant nos yeux. La conclusion des
deux termes de ce syllogisme historique sera
la fusion, dans une certaine mesure, de la civilisation de l'Occident et de l'Orient. Les deux
principes du devouement et de la force, de l'E-
vangile et du Coran, tendent à se joindre en
une synthèse plus élevée. C'est là, selon nous, la
marche nécessaire de l'esprit humain vers l'u-
nité. Mais au prix de combien d'efforts, de
luttes et de sang, ce grand résultat sera-t-il
enfin obtenu dans l'histoire? C'est ce qu'il est
impossible de déterminer avec certitude; tou-
tefois, et c'est la notre conviction intime, le
drame qui se joue en Orient dans ce moment
peut être envisagé comme le *commencement
de la fin* du règne de l'islamisme sur une partie
de l'Europe.

7*

Deux influences , contraires quant aux moyens, mais identiques quant au but, l'influence française et l'influence russe, battent en brèche l'édifice lézardé de l'ancienne société mahométane : l'affranchissement de la Grèce, le hatti-schérif de Gulhané, sont dus principalement à la première ; le traité d'Unkiar-Skelessi et celui du 15 juillet sont l'œuvre de la seconde. Et ce qu'il y a de remarquable dans cette œuvre providentielle de la destruction progressive de la puissance ottomane, c'est que cette monarchie, se sentant mourir , appelle elle-même à son aide ses héritiers naturels , les idées libérales de la réforme et les soldats de l'église grecque. L'organisme de ce corps défaillant ne pourra long-temps supporter l'application de deux remèdes aussi héroïques. Avant cinquante ans les derniers rejetons des conquérants asiatiques se feront chrétiens, ou repasseront le Bosphore !

L'empire ottoman est composé aujourd'hui de trois parties bien distinctes : la Turquie d'Europe, l'Asie Mineure jusqu'au mont Taurus.

en y joignant les pays situés sur la rive gauche de l'Euphrate, et enfin l'État égypto-syrien.

La première de ces parties, où prédomine la population chrétienne, grecque dans le midi, slave dans le nord, est l'objet de la convoitise de la Russie. Voilà plus d'un siècle que Pierre-le-Grand échappa comme par miracle à sa destruction inévitable sur les bords du Pruth : la vénalité du grand-visir fut un trait de lumière pour la politique des czars. L'intimidation et la corruption devinrent, depuis ce moment, les deux pivots sur lesquels tourne sans cesse la diplomatie russe à Constantinople. Les fastes de cette diplomatie, au dire des témoins initiés dans ses mystères, ont quelque chose d'effrayant : empoisonnements, assassinats d'un genre nouveau(1), corruption des hauts fonctionnaires et de leur drogmans, espio-

(1) Dans un article anonyme inséré, si je ne me trompe, dans la *Quarterly Review*, de 1839, on cite, entre autres exemples, la mort d'un haut dignitaire turc que l'ambassade russe fit périr en lui transmettant une correspondance par un homme atteint de la peste.

nage, vols de dépêches; tout ce que l'art de tromper dans les négociations a de plus immoral et de plus abject, tout cela a été mis en pratique par le machiavélisme moscovite dans l'ancienne Byzance , theâtre digne de pareils exploits. Quoi qu'il en soit, la Russie est loin de nous paraître appelée, aussi invinciblement qu'on le pense généralement , à la possession de Constantinople. Suivant nous, elle accomplit une mission de destruction pour préparer un avenir qui ne lui appartient pas ; elle sème ce que d'autres sont appelés à recueillir. La Turquie d'Europe, où la population asiatique ottomane est aux populations européennes *autochtones* à peu près comme un à douze, porte dans sa constitution géographique et ethnographique la loi même de sa régénération. Nous avons déja observé que la ligne des Balkans séparait les populations slaves de celles d'origine grecque. Nous pensons que les premières sont destinées à devenir le lot de l'Autriche, les autres celui de la Grèce. L'intérêt bien entendu de la France et de l'An-

gleterre se prête on ne peut mieux à ce partage, basé sur la nature des choses.

L'Asie Mineure, c'est-à-dire l'Anatolie, l'Ar-
ménie, ainsi que la rive gauche de l'Euphrate,
qui comprend le Diarbékir, le Kurdistan et
l'Irak d'Arabie, où prédomine la race turque
musulmane, paraissent destinées à abriter plus
long-temps les idées, sinon la puissance de
l'islam. La Russie presse, il est vrai, ces provinces du côté de la Géorgie et sur le littoral de
la mer Noire; mais son influence rencontre ici
l'influence contraire de sa nouvelle alliée, l'Angleterre. Cette rivalité est, du reste, purement
commerciale; le cours de l'Euphrate devient
d'une importance majeure pour les deux puissances rivales, depuis que la navigation à la
vapeur a fait entrevoir la possibilité d'en faire
une voie pour le commerce de l'Inde. A partir
de *Bir* ou de *Béles*, l'Euphrate peut être
rendu navigable jusqu'à son embouchure. Il
tarde aux Anglais d'y régner en maîtres; et,
pour arriver à ce but, ils ont fait taire toutes
leurs répugnances en se résignant d'avance

à voir les Russes débarquer à *Sinope* ou à *Samsoun*, et peut-être occuper temporairement Constantinople. Le traité du 15 juillet n'a pu être fait sans une arrière-pensée de partage, au moins quant aux avantages commerciaux. Il est présumable que la communication par terre, entre Samsoun et l'endroit où l'Euphrate devient navigable, a été abandonnée à la protection de la Russie, et le cours de ce fleuve à l'Angleterre. On a gagné l'Autriche, en lui promettant de laisser la navigation sur le bas Danube libre de toute entrave. Les faits viennent déjà à l'appui de nos conjectures. — La presqu'île de l'Asie Mineure a pour principal débouché commercial, et pour centre de lumières, la ville de Smyrne; c'est là, selon nous, la future résidence du *sultan réformé.*

Reste l'État égypto-syrien, peuplé en majorité de race arabe, création d'un homme extraordinaire qui appelle Alexandre-le-Grand son compatriote, le sultan son gracieux maître, et le cabinet français son généreux protecteur. Selon nous, il se trompe trois fois!

Son compatriote, c'est le sultan ; son gracieux maître , c'est le cabinet anglais ; et quant au protecteur, peu généreux , il est vrai , c'est l'empereur de Russie , qui ne veut pas plus voir la Syrie tomber définitivement entre les mains des Anglais que ceux-ci ne voudraient voir les Russes s'établir dans l'Asie Mineure. Ce double résultat est cependant infaillible , parce qu'il est dans la nature des choses ; Russes et Anglais iront là où les pousse la main de Dieu, et la France, sur laquelle Méhémet-Ali espérait s'appuyer pour conserver l'intégrité de ses possessions, devra s'estimer heureuse de pouvoir un jour contrebalancer la domination anglaise en Syrie, en établissant sa suzeraineté sur l'Égypte. Pour sa part, l'Angleterre est déjà à l'œuvre, et dans son expédition actuelle sur les côtes de la Syrie elle ne fait autre chose que s'ouvrir, à coups de canon, un passage vers le golfe Persique et la mer des Indes.

Maintenant, que fera la France ? Nous venons de dire que son système de protection désintéressée à l'égard de Méhémet-Ali n'est plus possible, et qu'elle doit tendre maintenant à prédominer en Égypte d'une manière absolue. Essayons de justifier cette assertion :

Au moment où le traité du 15 juillet allait être mis à exécution contre les intérêts évidents de la France, qui jusque là exerçait une sorte de suprématie dans le Levant, cette puissance avait, selon nous, trois voies à suivre : la première était de réunir sa flotte de la Méditerranée, renforcée par l'escadre de réserve, à la flotte de Méhémet-Ali, aujourd'hui bloquée dans le port d'Alexandrie; d'occuper l'île de Candie, en y débarquant quinze à vingt mille hommes, de fondre sur les escadres anglaise, autrichienne et turque, encore numériquement inférieures, pour les détruire ou tout au moins les disperser; ensuite de forcer les Dardanelles, pour venir dicter à Constantinople les conditions de la paix avec le pacha. C'eût été là un de ces coups de hardiesse et de vigueur à la manière de Napoléon; et, quand on se reporte à l'état des choses à l'époque

de la signature du traité, il est impossible
de se refuser à reconnaître qu'une telle mesure
aurait eu de grandes chances de succès ; à la
vérité, elle entraînait, comme conséquence
inévitable, la guerre avec l'Europe, et principalement avec l'Autriche et l'Angleterre. Nous
croyons qu'en suivant une marche différente
on n'a fait que l'ajourner, pour se voir forcé
à l'entreprendre plus tard dans des circonstances peut-être moins favorables.

Le second système consistait, pour la France,
à pousser Méhémet-Ali à donner ordre à son
fils de marcher droit sur Constantinople, en
même temps qu'elle aurait envoyé en Syrie,
non pas un général des capucins pour prêcher
la paix aux Maronites, mais un bon général
d'armée avec vingt ou trente mille hommes de
troupes françaises, pour empêcher, de con-
cert avec Soliman-Pacha, tout débarquement
des alliés, et comprimer toute révolte soldée à
l'intérieur. La France, qui, à deux reprises différentes, a arrêté le général égyptien victo-

rieux dans sa marche sur la capitale de l'empire, eût pu, sans déroger à ses déclarations précédentes, prendre sa défense au moment où les autres puissances violaient toutes les promesses qu'elles lui avaient faites antérieurement; et, du reste, la marche d'Ibrahim sur Constantinople, amenant les Russes sur le Bosphore, il est probable qu'il se serait opéré un revirement dans la politique de l'Angleterre, en faveur de l'alliance française. Le projet de forcer les Dardanelles à l'aide d'une flotte combinée, pour arrêter les Russes, eût été remis sur le tapis, et l'influence russe neutralisée, au moins pour quelque temps.

Enfin la troisième voie, la plus malheureuse dans ses résultats, la moins digne d'une grande puissance lésée dans son honneur et ses intérêts, c'était de garder une neutralité apparente, en continuant de diriger le pacha par des conseils pernicieux de modération, en le protégeant par des notes insignifiantes, alors que l'énergie du désespoir était sa dernière ressource; c'est celle qu'on a suivie. Nous allons examiner les conséquences probables de cette manière d'agir.

La France a posé, dans sa note du 8 courant, la limite à laquelle doit s'arrêter son rôle passif. Cette limite, c'est la mise à exécution de l'acte de déchéance prononcé par le sultan contre Méhémet-Ali. A moins qu'on n'aille jusqu'à chasser ce dernier de l'Égypte, la France s'engage, pour ainsi dire, à ne pas sortir de son rôle de neutralité armée.

Ici, deux cas se présentent : Ou les puissances alliées jugeront de leur intérêt de ne pas transgresser cette limite, ou bien la résistance prolongée de Méhémet-Ali les forçant à recourir à des mesures extrêmes, elles poursuivront la destruction de sa puissance même en Égypte.

Dans le premier de ces deux cas, Méhémet-Ali ne pourrait obtenir que tout au plus ce que le traité du 15 juillet lui offrait avant le commencement des hostilités. Et alors à quoi lui aurait servi la protection de la France? Évidemment à rien, si ce n'est à lui faire perdre, à lui, une partie de son armée et de ses finances, et à la France une partie de sa considération. Mieux aurait valu pour lui comme pour la France avoir accepté purement et simplement le traité du 15 juillet avant son exécution.

Dans le cas contraire, c'est la guerre, la guerre avec tous les désavantages de quelques victoires partielles remportées déjà par les alliés, de leurs flottes ralliées, renforcées par la flotte russe de la Baltique, et de tous leurs préparatifs amoncelés. Mieux aurait valu alors la faire dès le commencement, et à force relativement supérieure.

Dans l'un comme dans l'autre cas la France ne peut plus protéger Méhémet-Ali. S'il conserve l'Égypte et quelques pachalicks de la Syrie, il aimera mieux s'attacher à l'Angleterre et à la Russie, qui lui ont fait sentir la force de leur bras, que de s'unir à la France, qui l'a mis à deux doigts de sa perte. S'il tombe, tout est dit pour lui, mais non pour la France, qui ne peut, sans s'exposer aux plus graves périls, laisser l'Angleterre exercer une domination même indirecte en Égypte comme elle le fera en Syrie. Cette position est une de celles où la guerre reste pour unique issue. Dans le partage de l'influence sur les différentes parties de l'empire ottoman , sinon de la domination directe de ses provinces, si la Syrie devient le lot de l'Angleterre et l'Asie Mineure celui de la Russie, la France doit avoir l'Égypte, à moins de retomber dans le rôle honteux qu'elle jouait sous Louis XV, du temps du premier partage de la Pologne.

A ce sujet , nous remarquerons que les circonstances qui ont précédé la catastrophe de la Pologne et celles qui se présentent aujourd'hui à l'égard de l'Orient, sont d'une ressemblance frappante. La Pologne, à cette époque, se débat sous l'influence meurtrière de la Russie, de la Prusse et de l'Autriche, qui *garantissent son intégrité.* Son roi pusillanime est sous la tutelle de l'étranger ; les chefs des vrais patriotes forment une confédération dans les provinces méridionales du royaume pour

combattre les Russes les armes à la main; les
troupes du roi de Pologne secondent les opéra-
tions des oppresseurs de la patrie. La France se
contente d'envoyer au secours des patriotes
quelques officiers, comme Dumouriez, Vio-
mesnil, et leur fait passer quelque argent. Le
ministre Choiseul tombe devant les intrigues
de la cour , les secours cessent. Le duc d'Ai-
guillon, son successeur, était trop occupé à
satisfaire les exigences des courtisans qui l'a-
vaient porté aux affaires pour penser à secourir
les alliés de la France. Le roi Louis XV ,
abruti par de honteuses passions , s'endort
dans son égoïsme; les patriotes de la Pologne
succombent; les puissances qui, dans leurs
notes diplomatiques ne parlaient que de son
intégrité , la déchirent en lambeaux, et la
France, énervée par une paix sans gloire, une
politique sans dignité , accepte les faits ac-
complis : c'était en 1773 ; vingt ans plus tard
le petit-fils de Louis XV explait les fautes de
son grand-père.

A Dieu ne plaise que nous prétendions établir une parfaite similitude entre les deux époques et les deux règnes! nous avons voulu indiquer seulement l'analogie extérieure des événemens diplomatiques qui ont précédé la catastrophe de la Pologne avec ce qui se passe aujourd'hui en Orient. Nous sommes persuadés que la France est trop en possession d'elle-même, trop soigneuse de sa gloire et de ses vrais intérêts, pour permettre qu'on humilie son rang et qu'on blesse ses droits, acquis par tant d'années d'efforts et de sacrifices! Non, comme le disait dernièrement le duc de Wellington lui-même, rien d'important ne peut se faire dans le monde politique sans que la France y prenne part; et s'il se tire en Europe des coups de canon sans sa permission, chose qui scandalisait le grand Frédéric, ces coups de canon ne resteront ni sans écho ni sans réponse : s'il était vrai que la question d'Orient pût se résoudre en mer sans la participation de la France, elle saurait toujours bien l'aborder cette question, par terre, à travers l'Italie et les provinces Illyriennes : c'est un chemin qu'elle n'a pas oublié.

Résumé.

Nous résumerons ici notre travail. Nous croyons avoir démontré, par des indications *géographiques*, *ethnographiques* et *politiques*, que l'Europe est appelée à une reconstitution complète de ses nationalités ; que cette reconstitution devra être en harmonie avec les besoins résultant de leur position dans le monde, de la race et du génie des populations, et enfin des idées sociales et politiques de l'époque nouvelle inaugurée par la révolution française. Ces considérations nous mènent à la conclusion suivante : Les premières hostilités entre des États européens du premier rang deviendront le signal d'une guerre générale. Cette guerre devra avoir pour issue l'établissement de trois systèmes d'États politiques : systèmes *latin*, *germanique* et *slave*.

Le premier comprendra trois États : l'Espagne, l'Italie et la France ; sa base religieuse sera le catholicisme rénové dans ses idées exclusives, dans sa tête et dans sa hiérarchie ; sa base politique, la centralisation du pouvoir, et la liberté de la presse ; le théâtre de son action à l'extérieur, l'Afrique et l'Amérique du Sud. Paris deviendra le centre de l'activité intellectuelle de ces peuples, avec Madrid et Milan pour succursales ; les côtes d'Afrique, le Maroc, Alger, Tunis, Tripoli et l'Égypte seront leurs feudataires.

Le système germanique, l'antithèse de la thèse romano-celte, comprendra trois États politiques : l'Allemagne, la Grande-Bretagne et la Scandinavie. Sa base religieuse est le protestantisme, auquel le travail philosophique moderne parviendra à donner une espèce d'unité. Sa base politique, le fédéralisme et l'élément de famille. Le terrain de son activité expansive au dehors sera l'Amérique du Nord et l'Asie méridionale. Berlin, la métropole intellectuelle de ce système, sera secondé par Londres. sa métropole politique et commerciale, et par

Copenhague , centre de la vie scandinave ; l'union américaine , les Indes et l'Australie seront toujours l'objet de sa persévérante exploration.

Enfin le troisième système, la synthèse de cette thèse et de cette antithèse, sera le systèm e slave. Les trois États qui le composeront sont la Russie, la Pologne et l'Empire slave de l'Est (*Autriche*), avec la Grèce. Sa base religieuse sera l'église unitaire, dans laquelle se marient les deux cultes grec et latin, et en partie le protestantisme; sa base politique , le fédéralisme centralisé. Son action au dehors s'exercera sur la Chine, l'Asie centrale, l'Asie Mineure et l'Amérique nord-ouest. L'*hégémonie* intellectuelle y appartiendra à la Pologne, dont la tendance est de résumer et de combiner le rationalisme latin avec l'idéalité germanique.

Tels nous paraissent être les principaux linéaments d'un avenir politique plus ou moins éloigné. Peut-être avons-nous eu tort de les accuser ici avec autant de précision. Il n'est sans doute donné à personne de lire couramment dans le livre des destinées. Mais si les détails de nos conclusions nous font défaut, les prémisses, étant vraies, devraient, on nous l'accordera, avoir pour conséquences logiques les résultats auxquels nous arrêtons nos prévisions.

Elles sont, du reste, conformes au jugement porté sur l'avenir de l'Europe par le grand homme dont nous allons honorer les cendres. « Je ne pense pas, disait Napoléon à Sainte-» Hélène, qu'après ma chute et la disparition » de mon système il y ait en Europe d'autre » grand équilibre possible que l'agglomération » et la confédération des grands peuples. Le » premier souverain qui, au milieu de la pre- » mière grande mêlée, embrassera de bonne foi » la cause des peuples, se trouvera à la tête de » toute l'Europe, et pourra tenter tout ce qu'il » voudra. »

FIN.

En vente chez le même Éditeur.

—

GALERIE.

DES

CONTEMPORAINS ILLUSTRES.

par un HOMME DE RIEN.

Tous les personnages éminents de l'époque, en France et à l'étranger, figurent dans cette galerie, qui paraît par livraisons de 36 pages grand in-18. Chaque livraison est accompagnée d'un beau portrait lithographié par Llanta.

L'ouvrage entier se compose de 120 livraisons et forme 10 volumes contenant chacun 432 pages de texte, 12 biographies et 12 portraits.

NOTICES PARUES.—3ᵉ ÉDITION.

1ᵉʳ *volume.* MM. Thiers, Soult, de Châteaubriand, Laffitte, Guizot, de Lamartine, Berryer, de La Mennais, Dupin (aîné), Béranger, Odilon Barrot, Victor Hugo. — 2ᵉ *volume.* MM. Arago, George Sand, de Broglie, de Cormenin, Wellington, Molé, Ingres, Metternich Alfred de Vigny, Mohammed-Aly, Ibrahim-Pacha, Garnier-Pagès.

Le prix de chaque livraison est de 30 centimes.

Les personnes qui souscrivent d'avance pour 12 livraisons les reçoivent *franco* à domicile au prix de 3 fr. 60 c. pour Paris, et 4 fr. 80 c. pour les départements. Chaque volume *pris séparément* se vend au prix de 4 fr. pour Paris et 5 fr. 20 c. par la poste. Les *abonnés* reçoivent à volonté l'ouvrage par livraisons ou par volume.

Le 3ᵉ volume sera mis *incessamment* en cours de Publication. La première livraison est consacrée à O'CONNELL.

Imp. de Trazvolo, rue Madame, n. 3).